80 *Mandalas*
& Pensamientos Positivos

Un libro de colorear para adultos

Este libro pertenece a:

_____

Prueba tus colores aquí !

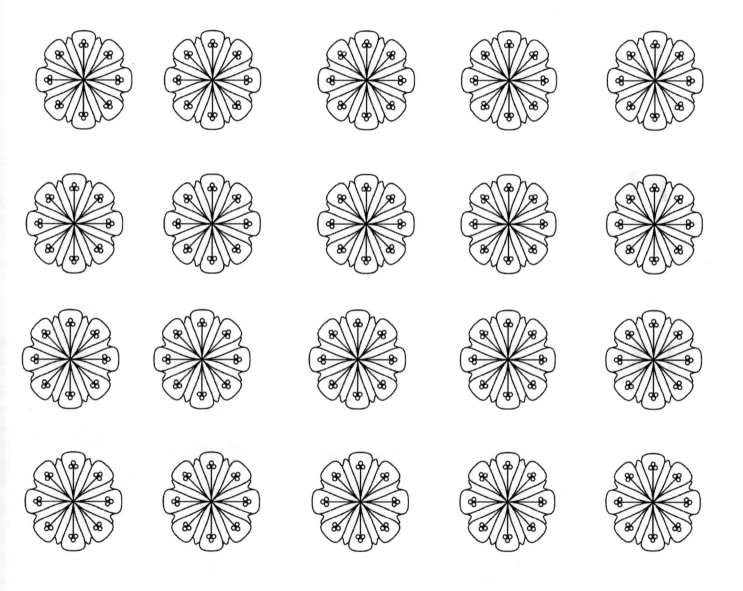

« Saber vivir es hacer lo mejor que podemos con lo que tenemos en el momento en que estamos. »

Alejandro Jodorowsky

« La actitud es el pincel con el que la mente colorea nuestra vida y somos nosotros quienes elegimos los colores. »

Adam Jackson

« El verdadero secreto de la vida está en saber sacarle lo positivo a lo negativo. »

« Lo que tu tienes, muchos lo pueden tener... pero lo que tu eres, nadie lo puede ser.»

« *Las cosas no tienen por qué cambiar el mundo para ser importantes.* »

Steve Jobs

« Una vez aceptamos nuestros límites, vamos más allá de estos. »

Albert Einstein

« Si miras en dirección al sol no verás las sombras. »

Hellen Keller

« El optimismo perpetuo es un multiplicador de fuerzas»

Colin Powell

« Escribe en tu corazón que cada día es el mejor día del año »

Ralph Waldo Emerson

« No es lo que te llamen, es aquello que respondes»

W. C. Fields

« *Puedes hacerlo, deberías hacerlo, y si eres lo suficientemente valiente como para empezar, lo harás.* »

Stephen King

« La verdadera oportunidad hacia el éxito reside en la persona, no en el puesto de trabajo.»

Zig Ziglar

« *La derrota no es amarga a no ser que te la tragues* »

Joe Clarck

« *Para realizar una acción positiva hay que mantener una visión positiva*»

Dalai Lama

« Cada día trae nuevas opciones »

Martha Beck

« No me avergüenza decirte que creo en los milagros. »

Corazón Aquino

« *El poder de la imaginación nos hace infinitos.* »

John Muir

«Cada momento es un fresco comienzo»

T.S Elliot

« El éxito es caer nueve veces y levantarse diez. »

Bon Jovi

« Todo lo que puedes imaginar es real. »

Pablo Picasso

« Si puedes cambiar tu mentalidad, puedes cambiar tu vida.»

William James

« *Haz de cada día tu obra maestra.* »

John Wooden

« No llores porque se terminó, sonríe porque sucedió»

Dr. Seuss

«Lo que nunca va a volver es lo que hace de la vida algo dulce.»

Emily Dickinson

« *Incluso la noche más oscura dará paso a la salida del Sol.* »

Victor Hugo

« Cuanto más duramente trabajo, más suerte tengo.»

Gary Player

«Mi optimismo lleva botas pesadas y es ruidoso,»

Henry Rollins

« El éxito no nos enseña nada; solo el fracaso lo hace. »

Hyman G. Rickover

«*La mejor manera de predecir el futuro es inventarlo.*»

Alan Kay

«*Para hacer del mundo un lugar mejor, empieza a ver el mundo como un lugar mejor.*»

Alan Cohen

« El aprendizaje es un regalo, e incluso el dolor es un maestro»

Maya Watson

« La risa es un pequeño periodo de vacaciones. »

Milton Berle

« *Los errores son portales hacia el descubrimiento.* »

James Joyce

« Siempre parece imposible hasta que se convierte en realidad »

Nelson Mandela

« *Apunta hacia la luna. Si fallas, puede que le des a una estrella.* »

W. Clement Stone

«*La libertad sale de dentro,*»

Frank Lloyd
Wright

« La belleza es poder, y una sonrisa es su espada. »

John Ray

«Si quieres ser feliz, sé.»

León Tolstoi

« *Donde hay amor hay vida.* »

Gandhi

« Eres capaz de mucho más de lo que estás imaginando o haciendo ahora. »

Myles Munroe

« Es algo maravilloso ser optimista.
Te mantiene sano y resiliente. »

Daniel Kahneman

« *Piensa por ti mismo y deja a otros que también disfruten de ese privilegio.* »

Voltaire

« No he fallado. Simplemente he encontrado formas que no funcionan. »

Thomas Edison

« *No conozco la llave del éxito, pero la llave del fraca-so es tratar de agradar a todo el mundo.* »

Bill Cosby

« La suerte es proporcional al sudor. Cuanto más sudas, más suerte tienes. »

Ray Kroc

« *Debes hacer las cosas que crees que no puedes.* »

Eleanor Roosevelt

« La vida no se trata de encontrarte a ti mismo, sino de crearte a ti mismo. »

George Bernard Shaw

« *Los colores son las sonrisas de la naturaleza.* »

Leigh Hunt

«Es mejor viajar bien que llegar»

Buddha

« *Debes ser el cambio que desearías ver en el mundo.* »

Gandhi

« *Piensa en todas las cosas bellas que aún hay a tu alrededor y sé feliz.* »

Ana Frank

« *Vive la vida al máximo y céntrate en lo positivo.* »

Matt Cameron

« *Porque sonríes, haces que la vida sea más bella.* »

Thich Nhat Hanh

«Si la música es el alimento del amor, que siga sonando.»

Shakespeare

« *A veces, el alma que ve la belleza puede caminar a solas.* »

Goethe

« El mayor privilegio de la vida es ser tú mismo. »

Joseph Campbell

« *Quiero tocar el corazón del mundo y hacer que sonría.* »

Charles de Lint

« Suprime lo negativo, enfatiza lo positivo.»

Donna Karan

« La gente que vive profundamente no le teme a la muerte.»

Anais Nin

« *Deja que la belleza de lo que amas sea lo que haces.* »

Rumi

« *Todo tiene belleza, pero no todos la ven* »

Confucio

« Una actitud positiva puede hacer que los sueños se conviertan en realidad. »

David Bailey

« Es bueno aceptar la belleza natural que brota de tu interior »

Victoria Justice

« La sonrisa es una bienvenida universal. »

Max Eastman

«La paciencia es amarga, pero su fruto es dulce.»

Rousseau

«El placer en el trabajo añade perfección al resultado»

Aristóteles

«Quando piensas en positivo, cosas buenas ocurren.»

Matt Kemp

« *No hay mayor riqueza que la vida.* »

John Ruskin

« Solo yo puedo cambiar mi vida.»

Carol Burnett

«Espera problemas y cómetelos como desayuno.»

Alfred A. Montapert

« Si te caíste ayer, levántate hoy. »

H. G. Wells

« *Vivimos en el mundo cuando lo amamos.* »

Rabindranath Tagore

«Con disciplina casi cualquier cosa es posible.»

Theodore Roosvelt

«Alcanza las estrellas.»

Christa McAuliffe

«El hoy vale como dos mañanas.»

Benjamin Franklin

«La mejor forma de empezar es dejar de hablar y empezar a hacer.»

Walt Disney

«De las dificultades nacen milagros.»

Jean de la Bruyere

«"Lo menos frecuente en este mundo es vivir. La mayoría de la gente solo existe."»

Oscar Wilde

«La felicidad se puede hallar hasta en los momentos más oscuros, si somos capaces de usar bien la luz".

« *Podemos cambiar nuestras vidas. Podemos hacer, tener y ser exactamente lo que deseamos.* »

Tony Robbins

Este libro fue realizado gracias a un grupo de artistas. Puedes encontrar su trabajo en la plataforma Shutterstock.com.

Muchas gracias a todos los artistas que ayudaron a hacer posible este libro:

Nonika Star, Zerlina, Katika, Andrea Torrini, S. Noree Saisalam, Lovely Mandala, ViSnezh, Irina Krivonuchko.

Made in the USA
Monee, IL
02 March 2023